PETITES LETTRES

SUR

DE GRANDES QUESTIONS.

LETTRE Nº 9.

HÉRÉDITÉ DE LA PAIRIE.

(Deuxième Lettre.)

CIRCONSTANCES DANS LESQUELLES SE PRÉSENTE LA QUESTION
DE L'HÉRÉDITÉ DE LA PAIRIE.

PAR J.-C. BAILLEUL,

ancien Député de la Seine-Inférieure.

> Quiconque est destiné à gouverner doit rectifier la raison
> qu'il a reçue du Ciel, comme on essuie un miroir terni.
> CONFUCIUS, cité par *Voltaire.*

PARIS,

LIBRAIRIE DU COMMERCE,
CHEZ RENARD,
RUE SAINTE-ANNE, Nº 71.

AOUT 1831.

PARIS, IMPRIMERIE DE DECOURCHANT,
Rue d'Erfurth, n° 1, près de l'Abbaye.

PETITES LETTRES

SUR DE GRANDES QUESTIONS.

(N° 9.)

HÉRÉDITÉ DE LA PAIRIE.

(DEUXIÈME LETTRE.)

CIRCONSTANCES DANS LESQUELLES SE PRÉSENTE LA QUESTION
DE L'HÉRÉDITÉ DE LA PAIRIE (1).

Mᴏɴsɪᴇᴜʀ ᴇᴛ ᴄʜᴇʀ Dᴇ́ᴘᴜᴛᴇ́,

Comme vous pouvez le remarquer, nous allons
vite en besogne; ainsi que je vous le disais dans ma
dernière Lettre, la question est résolue avant même

(1) Je me crois obligé de déclarer que dans ces écrits je ne suis
l'organe ni le *compère* de qui que ce soit : résultat de mes observations et de mon expérience, en les publiant, je n'obéis
qu'à ma conscience, à mon indépendance et à ma volonté.

d'avoir été régulièrement posée. Ce résultat prouve d'autant plus l'habileté de la faction; et, dans la réalité, son influence a été telle, que la France, au moins momentanément, s'est trouvée à sa discrétion.

Je puis vous attester que depuis quarante ans que je suis le cours des choses, je n'ai pas vu de tour plus adroit ni d'escamotage plus subtil.

L'historique de ce qui s'est passé, déjà fort curieux et très-instructif par lui-même, est encore nécessaire pour pouvoir bien saisir l'état de la question qui nous occupe ; car, par une singularité bien remarquable, ce qui paraît être la véritable, la grande question, n'est point la question originelle, la question primitive ; elle n'est qu'un accessoire, qu'un déguisement, et non le but prochain que l'on voulait atteindre.

A peine la dernière Chambre était-elle en activité qu'elle devint l'objet des attaques journalières, des attaques les plus violentes de la part des clubistes et des factieux de toutes couleurs, dans leurs journaux, dans leurs placards, dans leurs émeutes. Les uns provoquaient sa dissolution, parce qu'elle était un appui pour la royauté dont ils ne voulaient pas; les autres, parce que, aussi mesurée, aussi sage dans ses délibérations que les circonstances le permettaient, elle se montrait peu disposée à se soumettre à leur joug et à devenir l'instrument passif de toutes les exagérations comme de toutes les exigences qui s'agitaient autour d'elle. Or, les services immenses que la partie sage et éclairée de cette Chambre a rendus à la France, malgré les obstacles qu'elle rencontrait même dans son sein, les clubistes ne les lui ont point pardonnés; encore aujourd'hui elle est constamment exposée aux plus vives diatribes, aux imputations les plus absurbes, et ses membres les plus recommandables sont livrés à une sorte de proscription.

Mais si la majorité de la Chambre n'avait pas trouvé grâce devant les clubistes, quatorze ou quinze individualités devenues malheureux trop célèbres, étaient l'objet de leur prédilection; c'est là que se trouvait le type du vrai patriotisme, le sentiment des merveilles qui, selon la faction, doivent naître des événemens de juillet, et qui seules peuvent régénérer la France.

Toutes les attaques dirigées contre la Chambre des Députés, dans les placards, dans les clubs et journaux, dans les émeutes, n'avaient donc d'autre but que d'arriver à sa dissolution : pour les uns c'était un moyen de renverser la royauté; pour les autres, qui appelaient une Chambre dont ils pussent disposer, afin de dominer les Chambres, et par les Chambres le gouvernement et la nation, c'en était un d'obtenir son plus prompt remplacement.

Enfin, cette dissolution tant désirée a été prononcée. Grande joie dans la faction; mais elle ne put se dissimuler que l'opinion générale repoussait son influence et ses doctrines; elle ne s'en montra que plus ardente. Elle prétendit bien dompter cette opinion : tout fut mis en usage pour arriver à cette fin, associations dans les départemens, affiliations, correspondances, accaparement des journaux les plus influens. Mais ici la faction rencontra des résistances opiniâtres; il en résulta même dans l'intérieur de ces établissemens des mésintelligences vives et des collisions violentes qui ne furent pas toujours un mystère pour le public.

Toutes ces conceptions, tous ces efforts soutenus par une activité dévorante, toutes ces tentatives, ne rassuraient pas la faction sur le succès. Elle ne pouvait se faire illusion; la répugnance pour les exagérations, les excès et les folies paraissait invincible, d'après la disposition bien connue des esprits.

Mais une faction! c'est le bélier qui frappe sans cesse et jusqu'à ce que le mur soit renversé; il y a dans l'esprit des clubs une volonté brutale qu'aucun obstacle n'arrête, qu'aucun danger n'intimide, d'autant plus âpre et d'autant plus violente qu'il semble que les maux qu'elle doit produire sont le but qu'elle veut atteindre. Ce fut dans un de ces accès que font naître de désespérantes contrariétés, que les désorganisateurs soulevèrent la question devenue fameuse de l'hérédité de la pairie. Conception digne de son origine; moyen puissant, infaillible de porter le trouble dans les élections, de s'en emparer en égarant les esprits, de forcer les choix, ou au moins d'en écarter les hommes véritablement éclairés, d'un ca-

ractère digne et ferme! car comment ceux-ci se se-
raient-ils soumis à des engagemens sur d'aussi hauts
intérêts, avant toute espèce de discussion?

En parlant au nom de l'égalité, en appelant dans
la réalité à leur secours les deux grandes maladies de
l'espèce humaine, LA VANITÉ et L'ENVIE, le succès
paraissait assuré dans un pays où l'on s'enthousiasme
pour des mots, sans en calculer la force, sans en pré-
voir les conséquences.

En effet, le succès a dépassé les espérances, et la
France électorale s'est trouvée en un tour de main,
sans s'en douter et comme à son insu, à la discrétion et sous le joug de quelques clubistes : exemple
à jamais déplorable de la facilité avec laquelle l'au-
dace d'une poignée d'individus, d'une misérable co-
terie, peut précipiter toute une nation dans un abîme
de maux.

On m'a demandé cent fois, deux cents fois, comment il se faisait que nous n'eussions ni prévu ni
prévenu tous les désastres qui affligèrent la France en
1793. D'abord, la preuve que nous avions *prévu* et
que nous avions fait les plus grands efforts pour *prévenir*, c'est que plus de cent d'entre nous y ont péri,
et que plus de cent autres, dont j'avais l'honneur de
faire partie, ont souffert toutes sortes de persécu-
tions. Mais une réponse décisive, mon cher Député,
vous l'avez sous les yeux : voyez là fausse direction qui
vous entraîne; voyez comment en un clin d'œil quelques factieux ont bouleversé, égaré toute la France

électorale. Qui aurait prévu un tel coup, qui peut être mortel pour la patrie, et qui, dans tous les cas, aura de déplorables résultats? qui aurait pu l'empêcher? Les électeurs comprendront-ils, et leur amour-propre voudra-t-il jamais comprendre à quel point on les a joués, à quel point ils ont été dupes dans une opération où ils ont cru ne montrer que du patriotisme, du dévoûment, et peut-être faire preuve de quelques vues de haute politique?

Ces faits, tels que je viens de les établir, sont historiques, et il n'est personne de bonne foi qui puisse les révoquer en doute : j'ai donc encore raison de dire que la question d'hérédité n'était que secondaire; qu'il s'agissait avant tout de porter le trouble dans les élections et de les faire tourner au profit et dans le sens de la faction. Ce n'est que par le rapprochement de ces faits et de toutes les circonstances que je vais rappeler, qu'on peut se prémunir contre tous les dangers que présente la question dont il s'agit.

C'était une audacieuse entreprise que celle d'égarer, de subjuguer toute la France électorale; toutefois elle a réussi, dans ce sens que, si elle n'amène pas à la Chambre tous députés dont les opinions conviennent à la faction, au moins elle en amènera un plus grand nombre. D'une part elle aura formé une minorité puissante dont elle sera l'appui, et de l'autre elle aura écarté les hommes qui, par leurs lumières et le sentiment de leur dignité, pouvaient concourir d'une manière efficace à nous préserver de toute exgération, à éclairer les esprits et à affermir nos institutions.

Voilà déjà dans ce trouble de l'élection le principe d'un mal plus ou moins grand, et l'éloignement d'un bien qui nous est si nécessaire !

Cette conséquence n'est pas la seule : l'entreprise a déjà porté un coup notable à la forme du gouvernement, lequel est monarchique représentatif.

La plupart des députés ayant à l'avance, et afin d'être élus, ou par suite d'une opinion anticipée, accepté des mandats impératifs, ont par ce seul fait transformé la monarchie constitutionnelle sanctionnée par la Charte en un mélange d'ochlocratie, d'aristocratie et de démagogie.

Si les électeurs, dans cette usurpation des droits de la nation, avaient agi de leur propre mouvement, ce serait ochlocrat-aristocratie à raison des élémens dont se composent les colléges électoraux, et l'acte n'en renverserait pas moins le principe fondamental de notre institution constitutionnelle; mais les électeurs, dans cette scandaleuse exigence, n'ayant été que les instrumens de quelques clubistes, une telle influence appartient à une ochlocratie dont le caractère est bien plus odieux, bien plus humiliant que les triomphes de ces démagogues qui se présentaient au moins en face de leurs ennemis, et s'exposaient ainsi à toutes les fureurs populaires si les dangers de leurs conseils étaient démontrés, et qu'ils fussent démasqués dans la perfidie de leurs desseins.

Tels sont les auspices sous lesquels va s'ouvrir une discussion à laquelle se rattachent la stabilité de nos institutions et les destinées de la patrie : une élection altérée par une vaste intrigue, et une atteinte formelle portée au principe vital de notre Charte constitutionnelle.

Au moins les désorganisateurs pourront-ils se vanter qu'en définitive et quels que soient les moyens qu'ils ont employés, ils ont rendu un grand service à la patrie, qu'on ne pouvait obtenir que par une déception? c'est, mon cher Député, ce que la suite de cet écrit nous fera voir.

Venons à d'autres considérations qui toutes se lient entièrement à la question qui nous occupe, et qui en feront sentir davantage l'étendue et l'importance.

Depuis quarante-cinq ans nous cherchons l'organisation stable d'un régime de liberté, nous ne l'avons pas encore trouvé.

Pendant ce long intervalle la France a passé par bien des épreuves, dont le plus grand nombre n'a pas été heureux; elle vient d'en subir une récente, et la voilà rejetée dans de nouvelles et vives anxiétés.

Loin d'avancer vers le bien, nous reculons dans le mal; car je défie qu'on cite une seule des idées qu'on reproduit au jour qui n'ait été mise à l'essai, depuis la république jusqu'à ce prétendu *mouvement* qu'on voudrait imprimer à toutes les parties de la société, comme étant le seul signe auquel on puisse reconnaître la présence de la liberté, jusqu'à une guerre d'extermination dont le but serait d'avancer la civilisation de l'Europe et d'assurer le bonheur des générations futures, jusqu'à un gouvernement *à bon marché;* bien mieux encore, n'avons-nous pas entendu dire dans le temps qu'on ne devait pas arrêter la faux révolutionnaire que toutes les existences impures qui souillaient le sol de la liberté n'eussent fait place au règne de la vertu? Ces folies ont passé sous nos yeux à plusieurs reprises; et certes les désorganisateurs qui veulent nous en rendre au moins une partie, n'ont pas le mérite de l'invention.

Il serait toutefois bien temps de s'arrêter et de se demander comment il se fait que nous tournions sans cesse dans le même cercle; cercle nécessairement vicieux, puisque nous revenons constamment aux mêmes absurdités pour retomber dans les mêmes misères.

Qu'on nous dise donc ce qu'il y a de nouveau dans toutes les prétentions du jour. N'avons-nous pas eu, sous l'assemblée dite Législative, une espèce de monarchie républicaine, ouvrage de l'assemblée Constituante; ensuite le règne des clubs, de la démagogie, des insurrections et des proscriptions, le tout réduit en théorie et mis en pratique comme système; puis une république régulièrement, constitutionnellement, en apparence très-sagement organisée, et que repoussaient, non pas nos mœurs, comme on l'a prétendu, mais la nature et la force des choses? grande leçon qui aurait dû nous épargner ces tristes rêves, ces stupides exagérations et de tribune et de journaux, qui tiennent la France dans une continuelle anxiété et toute l'Europe sous les armes.

Les républicains ayant eux-mêmes dévoré la république, à ce gouvernement a succédé le génie d'un homme avec un développement sans exemple de la puissance militaire dont l'excès amena la restauration du droit divin. Celle-ci s'appuya, à la vérité, sur les principes de la révolution, mais avec l'intention cachée et le projet bien arrêté de faire prévaloir le droit divin sur ces mêmes principes.

La monarchie républicaine, la terreur, la république, le despotisme et la gloire de l'Empire, le droit divin, tout cela s'est successivement écroulé et a disparu.

Dans les premiers momens de la dernière catastrophe, les vœux de la nation ont pu être entendus, et une réorganisation soudaine est sortie de ses décombres.

Mais à peine avait-on conçu les plus douces espérances, que les factions se sont subitement déchaînées; et depuis qu'avons-nous entendu? des cris de « Vive la République! vive la Montagne! vive Napoléon! etc. » Qu'avons-nous eu sous les yeux? des clubs, des associations, des sociétés secrètes, des émeutes, enfin tous les élémens d'une dissolution sociale flagrante.

Nous recommençons donc le même cours de folies, mais avec moins d'espérances, pour peu que cela continue, de revenir à des idées meilleures, parce qu'en abusant du temps on lasse la patience.

Il me semble, mon cher Député, qu'il y a cependant bien là matière à réflexion : quarante ans d'essais et de souffrances pour retomber toujours dans les mêmes erreurs et les mêmes dangers! Que faut-il donc pour instruire les hommes, si l'expérience de tant de malheurs ne les a rendus ni plus modestes ni plus réservés?

Je viens de vous soumettre un grand sujet de méditation : quarante ans d'épreuves perdus pour certains esprits! En voici un second; et, quelles que soient les interprétations que des malveillans essaient de donner à mes paroles, toute ma vie, qui n'a été qu'un long combat en faveur de la liberté contre tous les genres de désordres, m'autorise à ne pas craindre qu'elles fassent quelque impression sur les hommes sensés et justes, les seuls dont j'ambitionne le suffrage.

Dans l'espace de ces quarante ans, les quinze années de la Restauration sont les seules pendant lesquelles nous ayons joui de la paix intérieure, d'une liberté sinon très-étendue, au moins bien entendue, quoique mêlée d'inquiétude; d'une prospérité sans exemple, comme d'un crédit sans limites : et cela malgré les affreux auspices sous lesquels elle avait eu lieu, quoique ce gouvernement ait été sans interruption, et pendant les derniers temps, violemment hostile à la nation, à ses institutions, et tellement hostile, qu'il avait préparé contre elle un dernier coup sous lequel il a lui-même succombé.

Comment expliquer ce singulier phénomène d'un gouvernement ennemi sous lequel cependant tout prospère? c'est que dans ce gouvernement tout était généralement bon, moins les individus qui le composaient et l'esprit qui les dirigeait; c'est que cet esprit, tout en donnant de grandes inquiétudes, n'arrêtait pas la marche des affaires, et que la puissance des institutions avait résisté jusqu'au dernier moment aux influences qui tendaient à les détruire.

Je dirai plus : malgré une tendance inquiétante, le pouvoir retenu dans de justes limites par nos institutions qu'il n'osait enfreindre, avait pris une position convenable; il était placé à une élévation assez grande pour dominer la société sans l'opprimer ; s'il était contraint d'exécuter des lois qu'il n'aimait pas, la population était soumise au gouvernement malgré sa défiance. Son action était efficace; condition sans laquelle il ne peut y avoir de gouvernement.

Il faut donc bien distinguer nos institutions d'avec la Restauration; la Restauration les avait acceptées avec la plus grande répugnance et la main forcée, loin de les avoir créées, comme on le répétait sans cesse. Or, nos institutions, c'était la révolution, et la révolution dans son essence. Le droit divin était une idée personnelle au Roi, et qui devait disparaître avec lui.

Puisque nos institutions sous la Restauration et malgré la Restauration avaient pu en quelques an-

nées réparer les désastres de deux invasions, puisqu'elles avaient pu nous donner une puissance de
richesse inconnue jusque là, et qu'il n'y avait de
principe nuisible que dans les chefs de la Restauration, ces chefs expulsés il semble que nous aurions
dû jouir d'abord des avantages que nous possédions
déjà, et bientôt des améliorations que devait nous assurer un gouvernement sincère, notre ouvrage, composé
d'hommes professant les principes reconnus et adop-
tés par les amis d'une vraie liberté dans tout le cours
de la révolution. Est-ce là ce qui nous arrive ? Non,
sans doute ; c'est précisément le contraire. Et l'on ne
s'arrête pas devant ce mécompte ! et l'on ne réfléchit
pas ! et les hommes même de la faction qui nous dé-
sole ne s'effraient pas de leur entreprise ! Qui peut
donc les éclairer et les ramener à d'autres sentimens ?

L'état pénible, l'état d'inquiétude, de malaise dans
lequel nous vivons depuis les événemens, a nécessairement une cause ou des causes, et ces causes ne sont
autres que les erreurs dans lesquelles nous sommes
tombés depuis quarante ans, et que l'on reproduit
toutes les fois que les circonstances le permettent.

Il faut être bien hardi pour le dire, mon cher Député ; mais enfin, si telle est la vérité, notre pénible
position exige bien cependant qu'on la fasse connaître. Oui : nos erreurs en conduite et en principes
sont incalculables. Je vais essayer de relever les plus
notables. Leur signalement importe singulièrement à
la question de l'hérédité.

La première de ces erreurs est que l'on a voulu et que l'on veut faire des événemens de juillet autre chose que ce qu'ils sont dans la réalité.

On s'obstine à y voir une révolution, et une révolution d'une nature telle que tout ce qui s'était passé antérieurement jusqu'à notre gloire militaire se trouverait effacé, et que de cette époque seulement devrait dater l'ère de notre régénération.

En juillet 1830, la Restauration a livré un combat à mort à nos institutions ; nos institutions ont résisté, elles ont été victorieuses : honneur, honneur éternel aux braves qui ont remporté cette grande victoire ! mais ce doit être la victoire de nos institutions. Vouloir en faire une révolution au profit de quelques cerveaux creux, de quelques ambitieux, est une erreur, une prétention coupable, une véritable trahison.

Jusqu'à ce jour pourtant ce sont ces idées d'une révolution nouvelle, d'une révolution en quelque sorte surhumaine, qui ont porté le trouble dans toutes les opérations sociales, et non pas, comme ne cessent de le répéter les coryphées de ces idées, la résistance qu'on leur a opposée.

De là cette langue nouvelle d'hommes du mouvement, de quasi-légitimité, de quasi-restauration, de juste milieu, de conséquences de juillet, de monarchie républicaine, de gouvernement à bon marché, et autres folies de même espèce ; véritable argot d'une faction qui révèle et prouve à la fois son existence.

Loin de nous éclairer sur nos droits et sur le sys-tème de gouvernement que nous avons adopté, nous venons de faire un pas rétrograde effrayant.

Les hommes qui cherchent à s'emparer des évé-nemens de juillet nous ont appris, par les dernières élections, jusqu'à quel point on pouvait nous égarer dans l'exercice de nos droits politiques, d'où l'on doit induire que nos idées ne sont nullement fixées sur ces droits.

En effet, d'après ce que j'ai vu et entendu, les élec-teurs ont agi comme si les députés avaient dû être les délégués de leurs personnes et de leurs opinions par-ticulières.

Dans l'état de choses qui nous régit, quels sont les électeurs, quel est leur caractère, quelles sont leurs véritables attributions?

La loi, remarquez bien, mon cher Député, la loi et toujours tout par la loi : la loi constitue électeurs tous ceux en qui elle suppose un sentiment de con-servation assez puissant et assez d'intelligence pour ne nommer députés que les hommes les plus recom-mandables par leur science et leur sagesse.

Mais ici, pour déterminer le caractère des élec-teurs, il faut remonter au principe de leur institu-tion.

Une des causes de nos désordres se trouve avant tout dans la divergence des opinions sur la souverai-neté du peuple, et particulièrement sur l'application de ce principe à la pratique : ou plutôt les idées à cet égard sont dans une entière confusion; et cependant nous considérons le principe comme la base actuelle de notre ordre social.

La souveraineté du peuple est dans la totalité des individus qui composent une nation sans en excepter jamais un seul; elle ne peut être ni déplacée, ni aliénée, ni déléguée; autrement le principe de la souveraineté du peuple deviendrait une cause perpétuelle de constante anarchie et d'une horrible oppression, ainsi que nous en avons vu de déplorables exemples.

La preuve donc que la souveraineté du peuple ne peut être ni déplacée, ni aliénée, ni même déléguée, se trouve dans les maux qui alors résulteraient de l'abus qu'on fera toujours d'une semblable puissance.

D'ailleurs, du moment qu'un peuple aurait délégué sa souveraineté, il ne serait donc plus souverain.

Puisque toute délégation est impossible, il faut chercher comment de l'adoption de ce principe on peut arriver à l'application.

Il y aurait ici bien des questions à traiter, si j'avais la prétention de convaincre tous les esprits, et encore je n'y parviendrais pas; mais je parle à votre bonne foi, à vos lumières, et je crois qu'il me suffira, pour déterminer votre suffrage, d'indiquer les sommités de ces importantes solutions.

Le principe de la souveraineté du peuple est adopté et exprimé par opposition au droit divin, au droit que s'attribue un maître absolu qui se regarde comme propriétaire du territoire, des choses, et des hommes.

Un peuple veut toujours être gouverné par la justice, pour le plus grand bien de tous et de chacun ; cette volonté est immuable : tel est le principe d'après lequel le droit de sa souveraineté doit être mis en action.

Un maître absolu entend gouverner dans le sens de ses convenances personnelles, dont il se fait seul juge, et pour son *bon et seul plaisir*.

La volonté du peuple se manifeste par des lois délibérées d'après des formes rigoureuses, et qui conservent leur force tant qu'elles ne sont pas rapportées en suivant les mêmes formes.

La volonté d'un maître absolu se manifeste par des ordres qu'on appellerait vainement des lois, puisque le maître est toujours à même de les changer au gré de ses caprices.

Sous le régime de la souveraineté du peuple ou des lois, ce qui est la même chose, chaque citoyen connaît également ses droits et ses devoirs; puisque aucune volonté individuelle ne peut altérer l'ordre établi.

Sous le régime d'un maître absolu, l'individu ne doit connaître que l'obéissance, quel que soit le mal ou le dommage qui doit en résulter pour lui.

Puisque l'exercice de la souveraineté du peuple consiste dans la justice, la même pour tous, et dans tous les temps, il ne reste pour arriver à cette fin,

que la délibération des plus sages et des plus éclairés, organisée de manière à ce que la volonté immuable du peuple d'être gouverné par la justice puisse
acquérir toutes les garanties dont la prévoyance humaine peut les environner.

Mais cette délibération, expression de la volonté
nationale, ne doit être altérée par aucune influence
des volontés individuelles.

D'après ces observations, et je pourrais dire d'a-
près ces principes, si les électeurs ou des électeurs
donnent des mandats, exigent des engagemens, cette
délibération, seul moyen d'exprimer la volonté nationale, n'existe plus. C'est une volonté partielle, iso-
lée, non délibérée et qui ne peut l'être, qui fait la loi ;
par conséquent, ici c'est la volonté de deux cent mille
électeurs qui est imposée comme loi à trente millions de
Français. C'est, non une démocratie, comme je vous le
disais dans ma dernière Lettre en me trompant, mais
une véritable ochlocrat-aristocratie de deux cent mille
individus, qui se constitue elle-même contre les dispositions de la loi, contre la nature des choses, pour
le seul avantage des factions. Dans cette exigence de
déclarations et d'engagemens, l'usurpation de la souveraineté a été aussi complète que scandaleuse : elle
est l'une des mille preuves que nous ne sommes nullement fixés sur notre droit public et que nous ne le
comprenons même pas. Rien n'est plus déplorable, et
voilà pourtant où nous en sommes encore.

Ce n'est donc point comme souverains que les

électeurs opèrent, mais comme délégués par la loi au nom de la souveraineté pour élire les plus capables.

Les Députés ne sont pas davantage des souverains, et leur réunion en corps ne forme pas une souveraineté. Ils sont désignés d'après les formes déterminées par la loi pour exprimer et délibérer, au nom de la souveraineté du peuple, ce qu'ils croient être le plus utile au bien du pays. Cette expression une fois délibérée, est considérée comme un des élémens de la loi, qui ne reçoit son caractère que du concours d'un autre corps délibérant et de la sanction du chef suprême de l'Etat. Telles sont les conditions de garanties auxquelles on reconnaît parmi nous les actes de la souveraineté ou de la volonté nationale,

Vous pouvez par ces observations, mon cher Député, juger à quelle distance des principes nous ont placés les circonstances qui ont accompagné les dernières élections.

Entendons-nous mieux la liberté que la souveraineté du peuple? Je ne le pense pas; je m'en suis déjà expliqué avec vous. Je me contenterai d'ajouter comme preuve de mon opinion à cet égard, la présence des clubs, des associations, des affiliations des sociétés secrètes; tous élémens d'oppression, puisque la liberté consiste à ce que chacun soit dans son plein droit sous la protection des mêmes lois : ce qui ne peut exister lorsque des individus s'associent pour exercer une influence quelconque sur le corps politique. Condition déplorable de notre espèce! les auteurs de ces

désordres, ceux qui tombent dans ces excès, se donnent eux-mêmes comme les coryphées, comme les
soutiens de la liberté; ils veulent la répandre chez
tous les peuples, et ils ne la comprennent pas chez
eux; ils ne comprennent pas davantage que quand la
liberté est conquise et qu'elle est consacrée par des
institutions, se constituer ainsi en faction, c'est dres-
ser contre l'édifice des échafaudages qui ne peuvent
plus servir qu'à le détruire.

C'est par une suite des mêmes erreurs qu'on veut
faire de l'égalité un principe : tout est inégalité dans
la nature, surtout dans la nature de l'homme; la civilisation, en ramenant à des sentimens d'équité, de res-
pect de soi-même et de ses semblables, nous a con-
duits à une sorte d'égalité devant les lois; mais cette
égalité est conditionnelle; elle est subordonnée à la con-
servation de la société, à ce qui est possible, et toutes les fois qu'on a voulu en faire un principe indéfini,
on a été forcé de reconnaître que le prétendu principe était inconciliable avec l'existence des sociétés.

Il paraît que les grands meneurs veulent faire prévaloir à propos de tout l'élection populaire, la plus
populaire possible, comme la première condition de
la liberté, comme la perfection en fait de système politique.

L'élection ne constitue point la liberté; elle en est,
en plusieurs cas, une des garanties essentielles et né-
cessaires, parce qu'on ne peut que par ce moyen
pourvoir à certains besoins de la société. Mais de

toutes les garanties, elle est celle qu'on doit employer avec le plus de défiance et le plus de précaution. Les élections sont favorables aux perturbateurs et vont trop souvent contre le but qu'on se propose. Aussi a-t-on eu recours à toutes sortes de combinaisons et de ruses pour prévenir le danger des élections, ainsi que des délibérations purement populaires : elles n'en ont pas moins opéré la ruine des gouvernemens dont elles étaient l'élément. Il convient de remarquer que la plupart des Etats qui ont subi ces catastrophes avaient des aristocraties puissantes, que tous les travaux manuels et même grand nombre de ces travaux intellectuels que l'on veut faire considérer comme indiquant des capacités, y étaient exécutés par des esclaves, lesquels, par conséquent, ne pouvaient porter aucun trouble dans des opérations politiques qui leur étaient interdites.

Règles générales : 1° tout Etat dont les institutions ne reposent que sur l'élection, ne peut subsister; 2° l'élection, même dans les cas les plus indispensables, est toujours un danger; le cours de notre révolution en offre des preuves irrécusables et de funestes exemples.

Porter l'élection dans les rangs élevés, c'est préparer l'usurpation des droits et l'oppression de la société; si vous la descendez trop bas, vous ne trouverez bientôt que corruption et tumulte. Quelle que soit la combinaison à laquelle vous vous arrêtiez, vous aurez toujours des intrigues, des brigues, des cabales, et les résultats trop souvent seront opposés à ceux qu'exigeait le bien du pays.

L'article des élections est, en fait d'institutions, le plus difficile à régler; faire reposer sur l'élection la liberté et les destinées d'un peuple, c'est les compromettre.

Toutefois, c'est là une de ces bases étranges sur lesquelles on voudrait fonder notre état social, pour l'établissement desquelles la faction fait tant d'efforts, noue tant d'intrigues, et a jeté une si grande perturbation dans les dernières élections.

Enfin je ne connais pas un seul mot employé en politique qui, d'après le sens qu'on lui donne le plus généralement, ne présente une erreur; je retrouve ainsi partout des causes qui nous égarent et nous poussent à la désorganisation.

Par exemple on vous dit : Le gouvernement représentatif est le gouvernement de l'opinion publique. Que signifient ces paroles, et à quelle idée, à quel principe se rattachent-elles dans l'esprit de celui qui les écoute ? Si vous me disiez : Le gouvernement représentatif doit être le gouvernement des lois, le gouvernement de la justice, de la sagesse; il doit être l'ordre par excellence : cela est clair, mon cher Député, cela s'entend. Mais l'opinion publique! dites-moi, je vous prie, ce que c'est, à quel signe certain on peut la reconnaître, et quelle règle de conduite stable il peut en résulter.

Je sais qu'il y a des opinions qui se généralisent

et qui acquièrent une telle force qu'il faut quelquefois s'y soumettre; mais c'est presque toujours pour le malheur des peuples et rarement pour leur plus grand bien.

Voyez dans ce moment même une opinion qu'on peut regarder comme générale, celle sur l'hérédité de la pairie : opinion bien factice, opinion qui est bien l'ouvrage de l'intrigue et d'une faction; opinion sur un sujet auquel personne ne songeait, dont personne ne s'était occupé quinze jours avant les élections. Admettons, si vous voulez, qu'elle soit fondée en raison; quelle preuve en ont ceux qui l'ont reçue des clubs et qui la propagent avec tant d'ardeur ? Aucune. Vous direz peut-être : Cette opinion naît d'un sentiment vif et profond. Mais un sentiment vif et profond peut provenir d'un égarement de notre raison, comme d'une affection grande et généreuse; et si cette opinion est fausse, si ce sentiment n'a d'autre origine que des passions méprisables, voilà donc une institution indispensable à la stabilité de tout l'édifice, qui va succomber, parce qu'on a eu l'art de susciter contre elle une détestable opinion.

D'ailleurs, mon cher Député, quest-ce que l'opinion de cent mille, de deux cent mille individus dans une nation de trente millions d'âmes ; car il faut toujours en revenir là. Que vous soumettiez directement trente millions d'individus à la volonté de deux cent mille, ou que vous fassiez des lois pour toute la nation d'après l'opinion de cent ou de deux cent mille individus, n'est-ce pas à peu près la même chose? et puis ces deux cent mille individus sont-ils de la même opinion? Jamais.

La prétendue opinion publique n'est donc point un guide, ou n'est qu'un guide souvent trompeur pour un gouvernement. Il n'y a que ce qui est juste qui ne peut égarer.

Voyez quel cas on doit faire de l'opinion dans un pays monarchique constitutionnel où l'on publie, où les feuilles publiques répètent avec complaisance, avec empressement ces paroles : « Je suis républicain, » et je regarde la constitution des États-Unis comme » la plus parfaite qui ait existé. » A la suite de ces paroles, leur auteur exige du Roi, des institutions républicaines comme une condition de son avénement au trône, comme l'exécution d'un engagement qu'il aurait pris envers lui. Ces prétentions forment le fonds d'un parti actif, violent, dangereux, dans lequel, en attendant mieux, se rangent les clubistes, que soutiennent, sous le nom et l'apparence d'une opposition, les écrivains les plus exaltés. Voilà donc une opinion !

Nous qui voulons la Charte avec les institutions que nous possédons, sauf les modifications que l'expérience peut indiquer comme utiles, qui voulons rester constitutionnels et non devenir républicains, nous formons aussi une opinion, et, je crois, l'opinion de l'immense majorité des Français. Il est vrai que nous ne sommes ni remuans ni tapageurs. Voilà

une seconde opinion, entièrement opposée à la première.

D'après laquelle de ces deux opinions serons-nous
gouvernés désormais? laquelle de ces deux opinions
doit être considérée comme l'opinion publique?

Deux mots encore, s'il vous plaît, mon cher Député, sur cette constitution des États-Unis, *la plus
parfaite* qui soit connue.

Qu'est-ce donc que les États-Unis? Peut-on com-
parer aux populations compactes de l'Europe, à nos
sociétés dont le temps et la nature des choses ont
rapproché, resserré, identifié toutes les parties de
manière à en faire ce qu'on peut véritablement ap-
peler un État, des peuplades isolées, répandues sur
une surface immense, qui ont chacune leur petit
gouvernement, dont plusieurs entretiennent encore
des esclaves; ajoutez quelques villes placées à de
grandes distances sur une côte de plus de six cents
lieues; le tout jouissant d'une civilisation équivoque,
civilisation d'imitation dont l'Europe a fait les frais?

Tous ces petits États n'ont de lien entre eux qu'une
apparence de gouvernement commun, bien suffisant
pour la défense d'un pays qui n'a point de voisins,
et pour le maintien des rapports qui peuvent exister
entre divers États qui ne se touchent point; mais
laissons seulement les populations s'accroître au point
de se sentir réciproquement dans tous leurs mouve-
mens, et nous verrons ce que deviendra ce gouvernement si parfait.

C'est véritablement pitié que de nous proposer pour modèle un semblable ordre de choses, qui, sous quelque point de vue que ce soit, n'a pas la plus petite analogie avec notre manière d'être, notre ordre social intérieur, nos rapports de voisinage, notre caractère et nos mœurs; et de faire de ces idées chimériques des sources de faction et de troubles.

Ce que je viens de dire sur l'opinion publique, on pourrait le dire des majorités; c'est une métaphysique de doctrines tout-à-fait inconciliable avec la stabilité des institutions.

Il faut au gouvernement d'un grand peuple une élévation de position, une unité de vues et de but, une puissance d'action, une harmonie de rapports entre le peuple et son gouvernement, sans lesquelles il est bien impossible qu'il remplisse sa haute mission (1).

Il semble qu'aujourd'hui le grand intérêt de l'État consiste à ce qu'un gouvernement soit tenu dans l'abjection, et que le peuple ne sera heureux qu'autant que le pouvoir sera l'objet de toutes les diatribes, de toutes les déclamations, de toutes les haines; autant de désordres qui oppriment le peuple.

Avec ces locutions de GOUVERNEMENT A BON MAR-

(1) Pour que l'on comprenne mieux ce que j'entends par harmonie de rapports, je fais réimprimer à la suite de cette Lettre un extrait de quelques Observations sur les garanties politiques, que je publiai à l'occasion d'un procès que j'eus à soutenir l'année dernière, comme gérant du *Constitutionnel.*

ché, d'économies sans nombre à faire, de gros trai-temens à réduire, on flatte bassement la multitude, on l'égare en lui donnant à croire que c'est là qu'est tout le secret de son bonheur.

Suivons ces doctrines, mon cher Député, et bien-tôt nous aurons un gouvernement en carmagnole, mais en même temps un peuple dans la plus profonde misère, puis les effroyables désordres qui en sont les conséquences obligées.

Vous pouvez en juger à la manière dont les choses s'arrangent depuis les événemens. Soulagés du far-deau qui pesait sur nous, nous aurions dû, on ne peut trop le répéter, nous trouver d'autant plus heureux; il nous est arrivé précisement le contraire : c'est que les calculs personnels de popularité, les opinions exa-gérées et factieuses, les clubs, le carlisme, les émeu-tes, la misère et les mécontentemens qui la suivent, tout cela est de la même famille. Et ceux-là sont doublement éhontés qui ont osé attribuer les dés-ordres à l'autorité pour n'avoir pas accueilli les folies qui les avaient produits.

Dira-t-on que les inquiétudes qui nous tourmen-tent viennent du dehors ? Mais qui osera répondre que l'Europe n'est pas, avant tout, armée pour sa sûreté, quand un parti chez nous parle sans cesse de guerre et de soulèvemens ? Que ceux, n'importe sous quelle bannière, qui sèment des troubles parmi nous, veuillent bien se tenir tranquilles, se soumettre aux lois, se rallier franchement au gouvernement; alors nous verrons si l'étranger ne cessera pas ses démons-trations, et s'il osera bouger.

Pour se convaincre de la gravité des erreurs que l'on retrouve partout, il suffira d'en bien saisir les conséquences.

Le roi n'est le chef suprême de l'État que parce qu'il est investi de la souveraineté nationale et de tous les droits de la société pour protéger les droits individuels; car là où l'autorité des droits de la société n'est pas fortement établie, il n'y a point de droits individuels.

Depuis les événemens tous les droits de la société sont méconnus parmi nous par tout ce qui babille, par tout ce qui s'agite, et en général par tout ce qui écrit.

La royauté, symbole de la puissance publique, doit être environnée de tous nos respects : c'est la société tout entière quelle nous présente; ses agens, qui sont aussi par cela même les agens de la société, à raison de l'importance de leurs fonctions que doivent pro-téger les rayons de la majesté nationale, ont aussi des droits à nos égards. Sans doute leurs actes sont ex-posés à nos critiques comme à nos réclamations, selon qu'ils nous paraissent contraires à la justice, ou selon qu'ils nous blessent; mais ces critiques, ces réclamations doivent être exprimées avec décence, avec circonspection, d'autant plus que l'exercice du droit de critiquer et du droit de se plaindre n'est pas non plus exempt d'erreur. L'autorité du prince, par conséquent de la société sur ses membres, et la force des lois, seront compromises toutes les fois qu'il y aura seulement oubli de certaines convenances envers leurs organes.

Est-ce bien la manière dont nous entendons un ordre social bien réglé, où tout annonce les progrès d'une civilisation de jour en jour plus éclairée?

Écoutez et lisez, mon cher Député. Il n'y a rien de sacré parmi nous, pour une certaine classe de gens; les institutions, la royauté elle-même, les lois, sont l'objet des attaques journalières les plus violentes et les plus furibondes; toutes les individualités sont constamment déchaînées, acharnées contre les droits de la société, dont la dissolution est provoquée à chaque instant par des hommes dont il est bien impossible de pénétrer les intentions.

C'est au point que je me croirais presque criminel si je réimprimais ici les horreurs que j'ai sous les yeux, et que je n'avais cependant extraites que dans cette vue; mais malgré la force qu'elles auraient donnée à mes observations et à mes argumens, je crois devoir en faire le sacrifice à la France, qu'il ne faut pas représenter comme avouant des individus capables de tant d'excès.

J'ai prononcé tout-à-l'heure le mot de civilisation, dans laquelle nous nous regardons comme ayant fait de grands progrès.

Les masses populaires ont beaucoup acquis par l'expérience, il y a une grande amélioration dans

leur existence morale; mais les classes qui se prétendent éclairées n'ont gagné que par les apparences;
quant au fond, et je le dis avec douleur, elles sont
en marche rétrograde par rapport à la disposition
des esprits en 1789 : l'expérience ne leur a rien appris.

Ce tableau n'est pas gai, mon cher Député ; cependant il est bien au-dessous de la vérité. Sans
doute il y a en France de grands élémens d'ordre et
de civilisation, c'est même la disposition la plus générale; mais il y a trop d'esprits disposés à l'exagéra-
tion, et ce sont les seuls qui aient de l'activité. Les
malveillans, les clubistes, les brouillons, ne sont
qu'une poignée, me dira-t-on; mais cette poignée se
trouve partout où il y a du mal à faire.

Si je passe de l'ordre politique à l'ordre économique, c'est bien pis encore : l'on ne peut pas les sépa-
rer aujourd'hui ; ils sont dans une dépendance réci-
proque. Avec nos grands développemens d'industrie,
tout est lié dans nos sociétés modernes ; un ordre politique faux, troublé par des extravagances, portera
toujours des atteintes funestes à l'ordre économique.
Les erreurs du gouvernement, les désordres causés
par les factions, réduiront à la misère un plus ou
moins grand nombre d'individus. C'est bien là ce que
nous éprouvons dans ce moment ; ce qui est effrayant,
c'est que sous les rapports d'économie et d'adminis-
tration, nous avons des idées plus éloignées encore
de la vérité, s'il est possible, qu'en politique.

Il n'y a pas un des prétendus principes mis en évidence, soit par les factions, soit par l'ignorance des individus, qui ne tende à une ruine complète, pour le plus grand malheur du peuple que l'on prétend protéger et soulager.

Je ne puis m'expliquer ici plus catégoriquement. Si, après avoir exposé quelques-unes des causes politiques qui tiennent les affaires en souffrance, j'indiquais les causes économiques qui concourent au même résultat, et si je présentais les remèdes que je crois les plus prompts et les plus efficaces pour les faire cesser, ce qui, à quelques égards, ne serait pas étranger à la question de l'hérédité, je serais jugé bien sévèrement : on regarderait le peu d'esprit que j'ai comme entièrement dérangé.

Je me contenterai de dire que le jour où l'on voudra relever les affaires, il faudra adopter des principes absolument opposés à ceux que professe la recherche d'une désastreuse popularité.

Voilà, mon cher Député, dans quel océan d'erreurs, d'absurdités et d'extravagances on a mis en avant la question relative à l'hérédité de la pairie.

La question, déjà difficile en elle-même, le devient bien davantage à raison des circonstances qui en auront précédé la discussion.

La discussion! elle est devenue inutile, puisqu'on publie que deux cent cinquante-cinq membres de la nouvelle Chambre ont pris l'engagement de voter contre l'hérédité.

Cependant il est difficile de croire que la Chambre

ne se livre pas à une discussion sérieuse sur un sujet aussi grave.

Deux ordres de questions préliminaires s'offrent naturellement à la pensée :

Le premier aurait trait à la manière dont la proposition de la non-hérédité a été introduite;

Le second aurait pour objet d'examiner à quel titre la Chambre élective peut discuter une semblable question.

PREMIER ORDRE DE QUESTIONS.

Première question. Qui a soulevé la question ? Dans quelle vue a-t-elle été soulevée ? Qui a inspiré aux électeurs l'idée d'exiger des candidats à l'élection, des déclarations, des engagemens, etc. ?...

Deuxième question. A quel titre quelques électeurs ont-ils pu exiger des engagemens de la part des candidats ?

Troisième question. Ces engagemens peuvent-ils être considérés comme ayant eu lieu envers les colléges électoraux ?

Quatrième question. Les colléges électoraux eux-mêmes avaient-ils le droit d'exiger des engagemens ? De leur côté les candidats avaient-ils le droit et la faculté de s'y soumettre ?

Cinquième question. En définitive, quelle est la valeur de ces engagemens insolites, scandaleux, qui évidemment sont une usurpation de la souveraineté du peuple ?

Le caractère de ces engagemens est tel, que, s'ils étaient jugés pour ce qu'ils valent réellement, ils entraîneraient peut-être la nullité de l'élection.

Ces questions, dans l'intérêt public et de la vérité, devraient être discutées avant tout ; mais voici l'obstacle : un nombre quelconque de députés est le produit, très-innocent de leur part, si l'on veut, des intrigues des clubistes qui ont soulevé et propagé l'opinion de la non-hérédité, qui ont provoqué les engagemens et ont causé la perturbation qui en est résultée dans les élections ; comment traiter en leur présence, avec le calme convenable, des questions faites pour soulever les passions auxquelles ils doivent leur nomination ?

Probablement l'on n'osera pas s'expliquer sur ce scandale ; c'est un nouvel exemple de ces nécessités malheureuses qui amènent des désordres et entraînent les nations vers leur ruine.

DEUXIÈME ORDRE DE QUESTIONS.

Première question. Quelle est au juste la question que la session de 1830 a entendu soumettre à la session de 1831 ? Est-ce bien une question d'existence ou d'abolition ? car l'hérédité de la pairie est une question d'existence.

Deuxième question. L'article 23 de la Charte a reconnu et consacré la Chambre des Pairs ; est-il vraisemblable, est-il raisonnable de penser que l'art. 68 a

3

remis à la session de 1831 le soin de détruire les dix articles qui constituent la Chambre ; ou doit-on entendre que seulement on pourrait en modifier quelques dispositions, ou seulement en déterminer le sens d'une maniere plus précise, comme de borner le nombre des pairs que le roi pourrait nommer dans une année, etc.?

Troisième question. La Chambre des Députés de 1830, pour tout ce qu'elle a fait d'extraordinaire, a reçu ses pouvoirs de sa position, de la force des choses, de la nécessité ; et la France a ratifié par un aveu tacite tout ce qu'elle a fait ; mais cette Chambre a-t-elle pu se continuer à elle-même pour 1831, ou déléguer à une autre Chambre qui n'existait pas et qui pouvait ne pas exister en 1831, des pouvoirs aussi exorbitans ; a-t-elle pu se constituer constituante pour la session prochaine, ou constituer constituante une assemblée à laquelle la Charte n'a nullement conféré ce caractère ? Car, encore une fois, il faut donner à l'art. 68 une interprétation raisonnable.

Et remarquez, mon cher Député, qu'il ne s'agit pas ici d'une question abstraite, ni d'adopter une mesure bonne ou mauvaise. Il s'agit de délibérer sur un corps constitué existant ; il s'agit d'une désorganisation, et de la désorganisation d'une institution sans laquelle rien ne peut être durable dans l'État. Dans le doute même il faudrait frémir et s'abstenir.

Je ne balance pas à le dire, si l'on ne consultait que la sagesse et le bien du pays, cette effrayante discussion serait ajournée indéfiniment.

Si l'on a la témérité de se livrer à cette discussion, si les clubs et l'esprit d'anarchie l'emportent sur l'intérêt bien entendu de trente millions de Français ; car ce sont toujours ces trente millions qu'il faut voir dans une délibération vraiment nationale, et non quelques centaines d'enthousiastes ; qu'on l'entende comme on voudra, ce sera toujours une Chambre qui aura renversé une autre Chambre, ce qui est déjà d'un très-mauvais augure ; ce sera une Chambre qui aura créé une autre Chambre, quelle qu'en soit la forme. Qu'on nous dise donc quelle figure fera cette seconde Chambre dénaturée, mutilée, en face de sa chère mère ; quelle sera sa puissance morale surtout quand il sera nécessaire, dans l'intérêt public, que la Chambre créée fasse une leçon un peu vive à la Chambre créatrice ? Ne voilà-t-il pas un bel équipage pour marcher d'une manière ferme dans les voies de la stabilité ? Une Chambre ouvrage d'une autre Chambre !

Vous direz peut-être : « Une dynastie nouvelle est bien l'ouvrage d'une Chambre ; » je vous réponds que dans cette régénération une Chambre n'a été que l'interprète d'un grand événement. Il en est des commotions politiques violentes comme de ces tremblemens de terre qui font apparaître des montagnes : il y a dans ces phénomènes une puissance de création que ne peuvent s'attribuer quelques hommes, n'importe le titre dont ils se prétendent revêtus.

On veut de la sécurité, on veut ranimer les affaires, _

et l'on désorganise au lieu d'organiser ; et l'acte d'organisation que l'on médite est encore plus mauvais comme exemple que comme mesure.

Je suppose, et c'est bien une supposition que je fais ; à Dieu ne plaise que j'en aie même le soupçon ! mais enfin je suppose que la Chambre nouvelle présentât une majorité dangereuse, dans l'état précaire où se trouve réduite la Chambre des pairs, qui nous défendrait ? qui défendrait la royauté contre ses excès ?

Défendez avec courage, mon cher Député, trente millions d'existences humaines contre les entreprises de quelques perturbateurs. Ne vous faites pas illusion sur la position d'un pays, où, d'après les préventions du mouvement, il serait devenu impossible de proposer des moyens de salut.

Dans ma prochaine Lettre, je vous entretiendrai de l'hérédité de la pairie ; j'ai cru ces préliminaires indispensables avant d'arriver au fond de la question.

J'ai l'honneur, Monsieur et cher Député, d'être, etc.

BAILLEUL.

EXTRAIT

Pour ne pas s'égarer en cette matière, il faut commencer par se faire une idée juste de ce que c'est que la liberté de la presse, et de l'état des choses au moment où l'on en fait usage.

Selon une opinion qui paraît trop généralement reçue, la liberté de la presse serait une *concession de la royauté*, une *conséquence du gouvernement représentatif*, qui lui-même serait encore une *concession de la royauté*.

Je n'admets point comme des principes ces locutions qui n'offrent que de l'incertitude et du vague ; car il resterait toujours la question de savoir si le prince a agi prudemment en faisant ces concessions.

Dans ma manière de voir, la liberté de la presse est la première, la plus précieuse, la plus indispensable des prérogatives de la couronne ; je ne conçois pas, et l'on ne concevra jamais comment la royauté, qui est le gouvernement de la justice, ou ce n'est plus la royauté, peut remplir son auguste et sublime fonction sans cette libre communication des idées, dont la presse, et surtout la presse périodique, est le moyen le plus puissant ; sans cette libre communication des idées, qui met le chef de l'État tous les jours et à tous les instans en rapport avec ce qui se passe sur tous les points du territoire, quelque vaste qu'on en suppose l'étendue. Loin donc que la liberté de la presse soit une *concession* de la royauté, à moins que ce soit une concession qu'elle se fait à elle-même, elle est son premier attribut et son premier besoin ; elle est sa plus sûre sauve-garde, son premier élément d'indépendance et de puissance ; par elle la royauté peut toujours être juste, parce qu'elle est toujours éclairée ; par cette liberté, ni les intrigues des cours, ni les infidélités de ses agens, ni les insinuations mensongères ou erronées de ses ministres, ni les complots des malintentionnés, ni les manœuvres de l'étranger, ne peuvent la circonvenir ni la tromper ; par elle un roi lit en quelque sorte au fond de tous les cœurs ; il sait par lui-même où il doit placer sa confiance, et ce qui mérite sa réprobation. Rejetons donc bien loin ce mot de concession qui semble annoncer un affaiblissement, tandis que là est un principe de force, sans lequel l'autorité la plus bienveillante est à la merci de toutes les machinations qui l'entourent : aussi le premier effort des factions qui veulent s'emparer de l'exercice de la royauté, sera toujours dirigé contre la liberté de la presse.

Sans doute les peuples, les libertés publiques, autrement la justice, trouvent aussi une garantie dans la liberté de la presse ; car c'est une règle infaillible, que toute mesure qui est une garantie pour le trône, en est une pour le peuple ; de même que toute mesure qui est une garantie pour le peuple, en est une pour la couronne ; autrement il y a erreur. Mais c'est le prince, avant tout, qui reçoit de la liberté de la presse le sceau de son autorité.

Qu'il me soit permis de donner encore quelque développement à cette idée : on verra tout-à-l'heure que le peu que j'en vais dire répond parfaitement au but que je me propose.

Le gouvernement constitutionnel lui-même n'est nullement une concession, il n'est autre chose que l'organisation de l'exercice de la royauté.

Il ne suffit pas à la royauté d'avoir, sur tous les points, des agens directs d'exécution, il faut en outre que ces agens soient soumis à un contrôle, à une surveillance inévitable. On doit regarder comme un principe que partout où le roi a des agens, il faut que le roi ait des surveillans, et ces surveillans sont tout à la fois des garanties pour le trône et pour les administrés.

Ainsi les Chambres discutent en présence de la royauté et de

la nation, les propositions des ministres, et surveillent leurs actes. Des conseils pour les départemens, les arrondissemens, les
communes, surveillent les actes des préfets, des sous-préfets et
des maires; mais pour que cette surveillance soit réelle, efficace, les nominations des membres de ces conseils doivent être
faites par les administrés; autrement, si les agens à surveiller les
nomment eux-mêmes, autant vaudrait qu'il n'y en eût pas, parce
qu'au moins leurs méfaits ne seraient pas sanctionnés par une
surveillance qui ne serait qu'apparente.

L'élection populaire, dans ce cas, n'est donc pas une concession; elle est une mesure de sagesse, de prévoyance, une nécessité qui, loin de l'affaiblir, fortifie la royauté, en la mettant
en communication régulière avec les administrés, pour connaître leurs besoins, leurs plaintes, et aussi leur contentement. Elle
est pour la royauté un moyen certain de s'assurer si ses agens
se conforment aux lois et à sa volonté.

Il n'y a donc dans ces élections ni aristocratie ni démocratie;
abus déplorable de mots, contre lequel on ne peut trop s'élever;
il n'y a aristocratie ou démocratie que là où, soit quelques-uns,
soit un grand nombre, ont une autorité d'action : ici toute l'autorité d'action comme tout l'exercice des droits publics et pri-
vés sont concentrés dans la main du prince, qui donne à son
autorité d'autant plus d'énergie, qu'il environne sa justice de
plus de lumières.

Ces observations prouvent déja la supériorité du gouvernement constitutionnel, ou plutôt elles prouvent que seul il peut
être avoué par la raison; attendu que seul il est organisé pour
agir fortement, et pour savoir toujours ce qu'il fait.

Mais si le gouvernement constitutionnel est encore le seul fé-
cond en heureux résultats, c'est-à-dire en richesses, en prospé-
rités, en puissance, comment les esprits les plus bornés, les plus
endurcis dans de pitoyables doctrines, peuvent-ils se refuser
à l'évidence? car comment ce qui est bien pourrait-il naître de
ce qui serait mal, et comment ce qui serait bien, comme en Es-

pagne, par exemple, ne produirait-il que misère et désordre?

Je suis donc fondé, par ce seul rapprochement, à regarder le gouvernement constitutionnel, c'est-à-dire un gouvernement régulier, organisé, comme le seul où un roi puisse parvenir au plus haut degré de puissance, pour faire le plus grand bien possible, puisque ce bien résulte de l'organisation qu'il a donnée à son exercice. Mais, je le répète, cette organisation n'est point une concession.

Un ordre de choses aussi beau, parce qu'il est également favorable à tous, qui n'a point été créé pour le bon plaisir de quelques courtisans, mais pour la conservation de la société et de chacun des individus qui la composent, quoique consacré par notre loi fondamentale, par la Charte, a été constamment attaqué à l'intérieur par ceux qui, dans tous les temps, ont profité des désordres et des abus; à l'étranger, par les gouvernemens jaloux de la prospérité déjà acquise.

Des hommes placés sous l'influence de ces gouvernemens, des hommes qui osent prendre le titre de royalistes, d'hommes monarchiques par excellence, voudraient, disent-ils, fortifier et consolider la royauté, en attribuant exclusivement à de grands propriétaires les droits politiques, en introduisant d'une manière spéciale le clergé catholique dans le gouvernement; c'est-à-dire que, sous prétexte de servir la royauté, ils voudraient parvenir à renfermer le prince dans les murs de son palais, à l'isoler entièrement de ses peuples, à se rendre maîtres de l'État sous son nom.

Je conçois que si dans l'ordre constitutionnel on trouvait la royauté trop puissante, parce qu'en effet sa puissance est immense, et qu'on voulût la restreindre et la dominer, on imaginât ce système de grande propriété, car ce n'est qu'en resserrant l'élément électoral et éligible, qu'on peut lui susciter de dangereuses rivalités, former une aristocratie de fait et une aristocratie bien dangereuse; mais créer un pareil système dans des vues soi-disant monarchiques, il faut être stupide, ou bien perfide!

PETITES LETTRES SUR DE GRANDES QUESTIONS.

1re LETTRE. — Contre toute espèce de rembourse-
ment de la rente, autre que le rachat
par la caisse d'amortissement. . . . . » 5o c.

2e LETTRE. — Sur les vices de l'amortissement avant
et après la loi de 1823, avec l'indica-
tion du principe qui doit en régler la
marche et l'emploi. . . . . » 5o

3e LETTRE. — Contre les différens taux attribués au
capital nominal des rentes sur l'Etat. . » »

4e LETTRE. — Nécessité d'éclairer les classes ou-
vrières sur leurs véritables intérêts par
la connaissance de leur position sociale. » 3o

5e LETTRE. — Des contributions indirectes ; de l'im-
pôt sur les boissons ; en général, des
vices qui se sont introduits dans les
discussions de finances. . . . . » 75

6e LETTRE. — Des différences caractéristiques entre
la monarchie dite légitime ou despo-
tique, et la monarchie constitutionnelle ou légale ;
Des obstacles qui se sont opposés à
l'affermissement du gouvernement
constitutionnel ;
Des fausses interprétations données
au mot *liberté* ;
Des associations politiques délibéran-
tes, ou clubs, etc., etc. . . . . » 75

7e LETTRE. — Projet d'une Banque de garantie pour
l'escompte des effets de commerce.
Encore un mot sur l'amortissement
des rentes sur l'Etat et sur le projet
adopté par la Chambre des Députés. » 3o

8e LETTRE. — Hérédité de la pairie. (Première lettre.) De la connaissance des votes et
des engagemens exigés d'avance des
candidats par les électeurs. . . . . . » 3o

9e LETTRE. — Hérédité de la pairie. (Deuxième lettre.) Circonstances dans lesquelles se
présente la question. . . . . 1 »

NOTA. On trouve à la même librairie et du même auteur : 1° Doctrines
religieuses et politiques ; 2° Réfutation des discours de M. Frayssinous,
ou Principes des rapports des gouvernemens avec les différens cultes, etc.